あとからくる君たちへ伝えたいこと

Kagiyama Hidesaburo

鍵山秀三郎

致知出版社

あとからくる君たちへ伝えたいこと◎目次

毎日少しでも、できるだけ、私が

心あるところに宝あり

装幀——川上成夫

毎日少しでも、できるだけ、私が

全国各地の中学校で行われている講演の一つ、熊本県玉名郡三加和町立三加和中学校での「立志式記念講演」の様子

☆人生をよくする「三つの幸せ」

皆さん、おはようございます。

今日は皆さんに、これからどうやったら自分自身の人生がよくなるかということについてお話ししたいと思います。

人間はだれでも自分の人生をよくしたいんです。

自分の人生を悪くしたいと思っている人は一人もいません。けれども、残念ながら、自分の人生を自分で悪くする人もたくさんおります。また一方で、人生をとてもすばらしくよくする人もいるわけです。

今日は、皆さん方がどういう心がけで人生を送っていかれたら、どんなによくなるかということを、「三つの幸せ」というお話によってさせていただきたいと思います。

これは私が考えた話ではなく、高橋佳子先生という方が考えられた話ですが、非常にいいお話でしたから、それを皆さんにお伝えしておきたいと思います。

①「してもらう」幸せ

「三つの幸せ」の一番目は、「してもらう」幸せです。

皆さんが生まれてから、お腹がすいて顔じゅう口みたいにして大きな声で泣くと、お母さんがお乳をくれます。おしめが濡《ぬ》れて泣くと、おしめを取り替えてくれます。抱《だ》っこしてもらいたいと思って泣けば、抱っこしてもらえる。

抱っこしてもらったり、お乳をもらったり、おしめを取り替えてもらうと、いままで顔を真っ赤にして泣いていた赤ちゃんは泣き止《や》むというふうに、何かをしてもらうとうれしい。これは「してもらう」幸せです。

赤ん坊《ぼう》のときは、何かをしてもらうとうれしくて、泣いていたのが泣き止むんです。かゆいとさすってもらい、お風呂《ふろ》に入れてもらって気持ちがいいと泣き止むというふうに、**何かを「してもらう」とうれしい。**

これが第一の「(して)もらう幸せ」です。

②「できるようになる」幸せ

それから、私にも孫がいるんですけれども、三つぐらいになると、それまで母親から食べさせてもらっていたご飯を、自分で食べたくなります。母親が食べさせようとすると、お茶碗《ちゃわん》と箸《はし》を取って、自分で食べようとします。

いままでできなかったことができるようになるとうれしいから、ご飯をポロポロこぼしながらでも自分で食べるようになります。

もう少し大きくなりますと、自転車に乗れる、鉄棒ができるようになる、学校でいままで跳《と》べなかった跳び箱が跳べるようになるというふうに、いままでできなかったことができるようになると、うれしくてとても幸せなものです。

そういうふうに、**いままでできなかったことが「できるようになる」幸せ**があります。

これが二番目の「できる幸せ」です。

③「してあげる」幸せ

三番目がいちばん大事ですが、皆さんがお父さんやお母さんから何か頼まれて、それをやってあげると、お父さんやお母さんは非常に喜びます。

あるいは、友達に何かしてあげると、友達が喜ぶというふうに、「何かをしてあげる」と、人がとても喜びます。

そして、**人が喜んだ姿、喜んだ顔を見たときに、自分が幸せになります**。これがもっとも大事な幸せです。

いつも人に何かをしてもらわないと幸せになれない人、それから、自分さえできればいいという考え方のような人では駄目《だめ》で、人に「何かをしてあげる」幸せが大事だということです。

この三番目の幸せを感じるようになると、どんどん人生はよくなっていきます。

どうしてよくなっていくかというと、この**「（して）あげる」幸せのできる人の周りには、非常に善良な、「人のいい」人たちが集まってきて、そのいい人たちと人生を送ることができるようになる**からです。

だから、どんどん人生がよくなっていくんです。

☆成長のきっかけは「なんでもする」という考え方

私は二十歳のとき、岐阜《ぎふ》県の山の中から出てきました。東京に着いたときには、宿屋に泊《と》まるお金もない、食事をするお金もないというような状況でした。

そのとき、自分の手でできることはなんでもしよう、自分の体を使ってやれることはなんでもしよう、手足を使ってすむことならなんでもしようという考え方で会社に勤《つと》めました。

仕事をしていて、人から当てにされ、人が喜んでくれるようなことをしていくうちに、だんだんと、いい人とのかかわりができて、私自身の人生もよくなりました。

会社もどんどん成長して、Jリーグの鹿島《かしま》アントラーズのスポンサーにもなれるようになったのです。

☆人を喜ばすことが人生をよくする

話は戻《もど》りますが、「あげる」幸せというのはどういうことかというと、人を喜ばすということです。

できるだけ自分の手足を使って、体を使って人を喜ばすということです。

そこで、今日、皆さんに一つ試してもらいたいことがあります。

皆さんが家に帰ったら、どんな紙切れでもいいから、その紙切れに「肩たたき券・五百回」と書いて、お父さんなりお母さんなり、肩をたたいてあげようと思う人の名前を書きます。

おじいさんやおばあさんがいる人はおじいさん、おばあさんの名前を書いて、いちばん下に自分の名前を書きます。

そして、今日、肩をたたいてあげたいと思う人に、「この券を出したらいつでも無条件でたたいてあげます」ということで、その券を渡します。

たった紙切れ一枚でも、どれだけ皆さんのおじいさん、おばあさん、お父さん、お母さんが元気になって、うれしくなるか。

わずか紙切れ一枚です。そのうえ、その券で五百回肩をたたいたとしても、いくらも時間はかかりません。

そのわずかなことで、その人がどれだけ喜ぶかということを考えてみると、こんなすばらしいことはありません。

こういうふうに、**皆さんの年齢《ねんれい》でもやろうと思えばできることがた**

くさんあります。

これからは、どんなことでも、どんな小さなことでもいいから、人を喜ばすことをやってください。

たとえば、履物《はきもの》が乱雑《らんざつ》になっていたら、だれの履物でもいいから、ちょっと揃《そろ》えておく。何十足も何百足もあるときは別ですが、五足や六足の履物を揃えるのはほんの数秒でできるわけです。

履物を揃えるときに、こんなことをしたら人が何と思うかとか、だれかが見ていて恥《は》ずかしいとか思わないで、乱れた履物を見たら、反射《はんしゃ》的に自分の手が動くというふうにしていただきたいと思います。

それから、たとえば、学校の中にゴミが落ちていたら、そのゴミをめざとく拾《ひろ》う。

そういうふうに努《つと》めていただくと、必ず人が喜んでくれて、それが皆さんの人生を次々とよくしていくわけです。

☆基本を徹底的にやり直す

サッカーのジーコは、ブラジルでは神様のようにいわれていた有名な選手でした。この人が日本のチームに来ることすら不思議《ふしぎ》なくらいの人でした。

ジーコ選手が日本に来るとき、どういう目標を持って来たかというと、
「私が日本に行くからには、一番弱いチームに行って、その弱いチームを強くしたい。それが私の願いである」
と思って来たわけです。

ジーコが入った鹿島アントラーズというチームは、実に弱いチームでした。だれからも大したチームではないと思われていたそのチームにジーコ選手が来るということで、みんなびっくりしました。

なぜあんな有名な選手が、あんな弱いチームに来てくれるのかとびっくりしたのですが、ジーコ選手は、このチームを自分の力で強くしたいということでアントラーズに入ってきました。

鹿島アントラーズに入って、ジーコ選手は二つびっくりしたことがありました。

一つは、ジーコ選手から見ると、基本のプレーができていない選手がいることです。

日本の選手は、日本の中ではそこそこ一流の選手ですから、自分たちはもう基本はできていると思い込んでいます。けれども、ジーコ選手から見ると、できていない。

そこで、基本練習をはじめます。

一流の選手たちですから、いまさらどうしてわれわれが基本練習なんかしなければならないのかと思ったのですが、偉大な人の指示ですから、基本練習をもう一回やりはじめた。

すると、「なんと自分たちは基本ができていないか」ということがわかって、その基本を徹底的《てっていてき》にやり直しました。

☆負けたら悔しい、勝ったらうれしい

もう一つは、チームの人たちは負けても悔《くや》しがらないで平気な顔をしていたことです。

これでは試合に勝てないということで、ジーコは、負けたら悔しい、勝ったらうれしいというチームにしなければならないと指導しました。

スポーツですから、負けても平気だというようでは、次に勝とうという意欲が湧《わ》きません。負けたときに、「悔しい、残念だ。次はなんとか勝ちたい」という気持ちを持ったときにはじめて、人間はエネルギーが湧いてきます。

負けても平気なチームは、勝ってもうれしくないということになるわけです。

それをジーコ選手の指導で、「負けると悔しい。次はぜひ勝ちたい」という一念でやったチームは、Jリーグがはじまって、最初の前半でなんと優勝するチームになってしまいました。

後半は残念ながら優勝できませんでしたが、最下位に近いであろうと思われたチームが上位のチームに入れたのは、ジーコ選手たった一人の指導が行き届いて、強いチームになれたからです。

これも、ジーコ選手にとっては「あげる」幸せで、鹿島アントラーズというチームをぜひ強くしてあげたい、そして、鹿島アントラーズのファンを喜ばせてあげたいという気持ちが働いて、多くの人たちが喜んだわけです。

☆周囲の人の喜びが自分の幸せになる

ジーコ選手は、現役《げんえき》を引退して日本を去るとき、「三年間日本にいて、私は本当に幸せだった。みんなが喜んでくれた。その喜びが私のもっとも大きな幸せだった」と挨拶《あいさつ》しました。

まさにジーコ選手の言うように、人を喜ばすという考え方が非常に大事なことだと思います。

どんなささいなことでも、どうしたら人が喜び、どうしたら人が幸せになるのかというふうに考えて行動していくことが、皆さんのこれからの人生をどんどんよくしていきます。

自分のことはちょっと置いて、なるべく周囲の人を幸せに導《みちび》くようにしていただきたいと思います。

☆高橋佳子先生の三つの教え

後年になって私は、GLAの高橋佳子先生から、「三つの幸せ」についてお教えいただきました。高橋先生は、人生には三つのステップがあるとお教えくださいました。そのお話にそって話をしてみましょう。

私が東京に出てきたときは二十歳で、お金も何もなくて、東京に行ってもだれも縁故《えんこ》もありませんでした。

そういうところに山の中から出て行きましたから、本当に心細い思いをしました。

①こうだったから、こうなった

そのとき、私は学校も出ていない、貧しくて何も持っていない、どこにもいい仕事がないということで、ないものばっかりでした。

もし私がいつまでも、「どうせ私はお金がない、どうせ貧しい、学校も出てない」といっていて、「こうだったから、こうなってしまった。家が貧しかったから、私の人生はこうなってしまいました」といって過ごしていたら、そのままで終わりだったでしょう。

②こうだったのに、こうなれた

ところが、それを「家が貧しかったのに、こうなりました」というふうに考えると、結果はまったく変わってきます。

私は眼鏡《めがね》を取ると、ここに人が大勢いらっしゃるなというくらいで、顔も何もわかりません。眼鏡を取ると、自分の顔も鏡で映して見ることができないくらい目が悪いんです。

これは、小学校のときに学校がそっくり集団疎開《そかい》をして、半年の間、ほとんど食べるものがなかったために栄養失調になって、目が見えにくくなったわけです。

当時は戦争中で眼鏡など買うこともできませんから、教科書が見えなくて、教科書を顔にくっつけるようにして見なければなりませんでした。それから、栄養失調というのは、体全体が衰《おとろ》えてしまいますから、目があまり見えなくなるのと同時に、走ったりすることもできなくなりました。

それ以来、今日まで、眼鏡がないと自分の目がないのと同じぐらいの人生を送ってきたわけです。

しかし、疎開で家が貧しくなり、目もあまり見えなくなり、走ることもできなくなったのに、私はこうなりましたというふうに考えると、まったく結果が変わってくるんです。

③こうだったからこそ、こうなれた

三つ目のいちばん大切な考えは、「こうだったからこそ」と教えていただきました。

「私は目が見えなくなった、疎開で家が貧しくなったからこそ、こういうふうになりました」というと、**自分にとって不利なことがプラスに転じる**わけです。

皆さん、毎日は決して満足すべきことばかりではありません。あれがあれば、これさえあれば、というようなことがたくさんあると思いますが、**そういうものがなかったからこそ、私はこうなりました、というふうな生き方をしていくと、人生はものすごくよくなっていきます。**

ですから、「こうだったからこそ、こういうふうになれた」という生き方をされるといいと思います。

☆苦しい体験のおかげでよい生き方が身につく

私は疎開をするまでは東京にいたのですが、昭和十九年九月に山梨県の山中湖という湖のほとりに疎開をしました。山梨県は、いまはそういうことはありませんが、昔は富士山のふもとで火山灰ばかりですから、水田がなくてお米ができない。作物はトウモロコシなど畑の作物しかできないということで、トウモロコシの粉が常食でした。

しかも戦争が最後のほうになると、味噌《みそ》も醤油《しょうゆ》もなく、味噌汁といっても、塩で味をつけた汁にお芋《いも》の茎《くき》が二、三本浮かんでいるだけです。それから、ご飯の代わりにトウモロコシの粉を練って蒸《ふ》かした、アンパンぐらいの大きさの饅頭《まんじゅう》が一つあるだけです。それが朝も昼も夜もですから、年中お腹をすかせて、なんでもいいから口に入るものは食べたいというほどでした。

当時は、山中湖のほとりは雪が深く、冬になると子どもが埋《う》まってしまうような雪が降って、何もとれません。そんな中で生活をしましたから、どんどん栄養がなくなる。

お風呂にも入れないから、体にシラミがわいて、夜、寝ようとしても、刺《さ》されてかゆくて寝ていられないというような生活をしました。

しかし、そういう体験をしたからこそ、私はいま仕事がきちんとできて、人生をちゃんと送れるようになったんです。

どんなにつらい、苦しい体験も、決して無駄《むだ》にはなりません。

皆さんもいま与えられている条件の中で、もし足りないもの、欠けているものがあったとしたら、それを自分の力で埋《うず》めていただくようにお願いしたいと思います。

☆やろうと思ったらすぐにはじめなくていけない

そのために、掃除《そうじ》をお勧《すす》めしたいのです。だれにでも簡単《かんたん》にできて、やろうという気持ちさえあればすぐできるのが掃除なのです。

お母さんの手伝いでお風呂場を掃除してあげる。トイレを掃除してあげる。あるいは、家の周囲の掃除をする。

こうしたことは、自分の気持ちさえあればすぐにできることです。ぜひ、そういうふうに努めていただきたいと思います。

しかし、こういうことも、**やろうと思ったらすぐにやらないとできません。どんなにいいことでも、そのうちまとめて一気にやろうなどという考え方では駄目《だめ》**です。

今日はよそう、来週まとめて一気にやろうなどという考え方では、来週になると、来月でいいや、というふうにどんどん変わっていってしまいます。

そのうちまとめていっぺんにやろうといっても、これはできない。

勉強も同じです。今日はいい、明日まとめてやろうなどといっても、明日は明日のやらなければいけないことがあるから、昨日の分まではやれない。たまってしまうと、いやになって、なおできない。

しかも、そのうちまとめて一気にやろうと思っているうちはいいんですが、そのうち、私がやらなくてもお母さんかお父さんかだれかがやってくれるだろうというふうになると、もう絶対にできなくなります。

☆「毎日少しでも、できるだけ、私が」

だから、これを**「毎日少しでも、できるだけ、私が」**というふうに置き換えて、どんなに少しでも、まず着手《ちゃくしゅ》します。

全部できなくても、少しでもやろうと手をかけると、必ず最後までやってしまおうという気持ちになります。ですから、着手する、手をつけることが大事です。

たとえば、手紙を書こうとしたときに、頭の中で手紙を書こう、書こうと思っていたら駄目《だめ》です。

まず、机の前に座って、机の上に便箋《びんせん》と封筒《ふうとう》を置いて、ペンを持つ。
そうすると、自然に入っていけます。

「このごろは梅雨《つゆ》でうっとうしくなりました」と書きはじめると、その手紙は最後まで書けるんです。

机の前に座らないで、ペンを持たないで、便箋も出さずに封筒も置かずに手紙を書こうと思っていても、その手紙は永久に書けません。

皆さんが思い立ったことはとにかくすぐにやることです。

そして、**よくないと思ったことは、いかにだれから誘《さそ》われても、**

どれだけ誘われても、勇気を持ってやめる。

それが本当の勇気です。

皆さんは善防中学というすばらしい中学に入られております。これからも学校の校風を通して、いい人生をつくりあげていただきたいと思います。

これで話を終わります。ありがとうございました。

（兵庫県加西市立善防中学校での講演より）

心あるところに宝あり

真剣な表情で話を聞く生徒たち（熊本県玉名郡三加和町立三加和中学校での講演より）

☆良い習慣を身につけるまでには大変な努力が必要

皆さんこんにちは。
今朝《けさ》は早くから皆さんの姿を拝見《はいけん》いたしましたけれど、感心したことばかりでした。

まず靴《くつ》がきちっと揃《そろ》っている。
それから皆さんの表情が明るい。
それから、朝、皆さんがこの講堂に入場するときの姿のすばらしさ。
喋《しゃべ》らずに黙々《もくもく》と入ってこられた姿がありました。

こういうことは、自分たちがやっていると、なんでもないような当たり前のことのように思います。

けれども、このような**よい習慣《しゅうかん》を身につけるのは、実は大変なことなのです。**

こういった取り組みがきちんとできるというのは、先生方が日頃、どれだけ皆さん方にちゃんとしたご指導をされているかの証拠《しょうこ》です。

また、皆さん方が、それをいかに素直に聞いておられるか、という証拠ですね。

☆自分よりあとに生まれてくる人のために何ができるか

皆さんは、この春に中学一年生になったんですね。

中学一年生ですから、その学校では自分よりあとに生まれた人はいませんね。二年生になれば、自分よりあとに生まれた生徒がいます。三年生になると、今度は自分より先に生まれた人、つまり先輩《せんぱい》がいなくなります。全部後輩《こうはい》ばかりになります。

中学一年生の皆さんには後輩はいないわけですけれど、皆さんは、この三月までは小学校にいました。ということは、小学六年生であったのですね。そのときは、皆さんよりあとに生まれた人ばかりだったでしょう。

このように、人間というのは、自分が好むと好まざるとにかかわらず、一年ごとに自分よりあとに生まれた人のほうが多くなります。

私はあと五十日ほどで七十二歳になるんです。だからいま、日本中はもちろんのこと、世界にも、私より先に生まれた人は少なくて、私よりあとに生まれた人のほうが圧倒《あっとう》的に多いわけです。

そういうことを考えますと、人間はどのようにして生きたらいいかと思うようになります。

自分のあとに生まれてくる人のために、何をしていくことができるだろうか、と考えるのです。

皆さんの中学校のある香川県のお隣《となり》の県、愛媛《えひめ》県松山市の砥部《とべ》町というところに、坂村真民《さかむらしんみん》先生という方がいらっしゃいます。いま九十六歳で、私より二十四歳年上です。

この方は一万七千もの詩をつくっておられるのですけれども、その中から一つの詩を皆さんにご紹介《しょうかい》したいと思うんです。

それは「あとからくる者のために」という題の詩です。

*

あとからくる者のために
苦労をするのだ
我慢をするのだ
田を耕し
種を用意しておくのだ
あとからくる者のために
しんみんよお前は
詩を書いておくのだ
あとからくる者のために
山を川を海を

きれいにしておくのだ
ああああとからくる者のために
みなそれぞれの力を傾けるのだ
あの可愛い者たちのために
未来を受け継ぐ者たちのために
みな夫々《それぞれ》自分で出来る何かをしてゆくのだ

*

このように、自分のあとに生まれてくる人たちのために、自分には何ができるのかと考えることは、とても大切なことだと私は思っています。

だから、いつもこのことを考えながら行動をし、毎日の暮らしをし、皆さんならば勉強をして、生きていただきたいと思うんです。

何も考えずに、ただ年々、年だけ取っていくという生き方をしていると、無駄《むだ》な人生を送ることになってしまいます。

それは、いけませんね。

「一体自分は、ここまで来るのに何をしてくることができただろうか?」

そうやって、いつも考えながら年を重ねてきた人と、何も考えずに年を重ねてきた人とでは、年を取ったときに大きな違いが出てくるのです。

もう一度いいます。一年ごとに、自分よりあとに生まれてくる人たちが増えてくるのですよ。

皆さんも、いまはまだ中学一年生だけれど、だんだん年を取っていくうちに、いずれは自分よりあとに生まれた人のほうが多くなります。自分より先に生まれた人のほうが少ない、という時代を迎えることになるのです。

このことをしっかり心に留《と》めて、自分の生き方を考えていってください。

☆なんでも一所懸命に取り組む経験が大切

今朝方の皆さん方の姿を見ますと、私の少年時代を思い出します。でも、私の少年時代と比べたら、皆さん方はなんと幸せなことでしょうか。

私が皆さんの年齢のころには、毎日お腹いっぱいにご飯を食べることができませんでした。

着るものも満足にありませんでした。

本も、鞄《かばん》もなくて、学校へ行くときは、学用品を風呂敷《ふろしき》に包んで持っていきました。

靴下《くつした》もなかったので、お天気のいい日には藁草履《わらぞうり》をはいて、雨の降る日は下駄《げた》をはいて、素足《すあし》で学校まで行ったんです。

寒くてもそういう格好《かっこう》で学校生活を送っていました。

しかも、学校の授業が終わると、約五キロメートルの道のりを半《なか》ば走るようにして家に帰ってきて、すぐに農作業に行きました。

だから私には、予習をしたり復習をしたり、試験のための勉強をしたりする時間は与えられていませんでした。

それで、学校の試験では、あまりいい成績をとったことがありません。

しかし、こんな体験を通して、私は「自分に対して我慢《がまん》をする」という強い心を持つことができました。

人間は一所懸命、何かを経験しておくことが大切なのです。

いま私はそのようにはっきりと皆さんに申し上げられます。

☆努力が無駄になるということは一つもない

普通、「努力に無駄《むだ》なものはない」というふうにいっても、みんな、あまりそれを信じないようです。

なぜかというと、努力しても努力しても、その成果を手にすることがなかなかできないからです。

「なあんだ、あんなに努力したのに無駄になってしまった」

こういうふうに思う人が世の中にとても多いんですね。

しかし、私が自分のいままでの人生を通して、努力が無駄になるということは一つもないとつくづく思うのです。

「努力に無駄がない」という教えが信じられない人も、努力をしなかったわけではないでしょう。

「自分はこういうものが欲しい」

「自分はこうしたい」

「こうあってほしい」

と願って努力をしたけれど、思ったとおりの成果が得られなかった。

だから、努力が無駄になってしまった、と思うようになったのです。


でも、実はそうではない。

努力は形を変えて、きちんとした成果となって、努力した人に必ずもたらされるようになっているのです。

たとえば、皆さんが今度の試験に備えて一所懸命に勉強をしたとしましょう。それなのに、あまり勉強をしなかった友達と同じ点数だったとすると、「この勉強したことは無駄だった」と、思ってしまうかもしれません。

でも、そうではないんです。

試験の点数だけを比べると、自分の思っていた結果を得ることはできなかったかもしれません。でも、皆さんが試験のために一所懸命にした努力は、形を変えて、いつか成果となって表れるのです。

皆さんがこれから七十年も八十年も、人によっては九十年も生きる間に、いつか成果となって表れる時期が必ずやってきます。

これは本当の話です。

そういうことですから、是非《ぜひ》、「自分のやっている努力は無駄にならない」と信じていただきたいと思うのです。

☆できない理由をいくら探しても、人間はよくならない

もう一つ大切なことは、できないことを周りのせいにしないということです。

皆さんが勉強するときには、「あれが欲しい」「こういう環境が欲しい」と願うことがたくさんあると思います。

そして、それが叶《かな》えられないからといって、「だから自分にはできないんだ」というふうに考える人が世の中にはたくさんいます。

しかし、**できないことを人のせいにしたり、環境のせいにしていたら、人間は決してよくはなりません。**

どんな環境にあっても、自分の努力でそれを克服していくことがとても大切な生き方なのです。

努力をしないで、「これさえあれば、こうであれば……」といくらいったとしても、なんの解決にもなりません。

また、そういう考え方では自分の責任を果たすことにはなりません。

自分の責任を果たすというのはどういうことでしょうか？

それは、環境がどうであれ、その中で自分のできる努力をコツコツと積み重ねるということです。これがとても大切です。

今日、教室を回らせていただきました。もう今の時期でも、教室は暑いですね。

すると、「暑いからから勉強ができない」と思うかもしれません。逆に冬の教室は寒いから、「寒くて勉強できない」と思いがちです。

そういうふうに季節のせいにすることは簡単ですし、だれでもそうしがちです。

しかし、季節のせいにしたり、環境のせいにしたりしているうちは、自分の責任を果たすことにはなりません。

「環境がどうあっても、自分のできる努力を積み重ねる」

そういうふうに考えるようにしていただきたいと思うのです。

☆毎日紙を減らす人と毎日紙を増やす人

皆さんは小学生から中学校一年生になりました。そしてこれから二年生になり、三年生になっていきます。

中学一年生になった皆さんは、「いま、自分は一万枚の紙を預《あず》かったのだ」と考えてみてもらいたいのです。一万枚の紙というと、ずいぶんな厚さになりますね。

そして、その一万枚の紙は、いい加減なことをするたびに、一枚ずつ減っていくのだと考えてみてください。

たとえば、今日、先生から「シャツをきちんとズボンの中に入れなさい」という指導を受けたとします。すると、それで紙が一枚減ってしまうわけです。

規則を破《やぶ》る、ルールが守れない、やるべきことを果たさない。すると、そのたびに紙が減っていってしまうのです。

一日に五回いい加減なことをしたとすると、五回ルールを破ったということだから五枚減ってしまう。

一万枚から五枚がなくなって、残りは九千九百九十五枚になってしまうわけです。

でも、一万枚から五枚ぐらい減っても、見た目ではわかりませんから、「五枚ぐらい、いいか」と考えてしまうかもしれません。

しかし、明日も五枚、明後日も五枚というように、毎日五枚ずつ減らしていくと、百日では五百枚になります。

一万枚が九千五百枚に減ると、ちょっと減ったという気がしてきます。

そのへんで、「この紙をもうこれ以上減らさないようにしよう」というふうに決意するといいのですが、なかなかそれができない。そして、相変わらず、少しずつ減らしてしまう人もいます。

あくる日からまた五枚ずつ減らしていくと、もう百日たつとまた五百枚減って、一万枚の紙が九千枚になります。

こんな感じで、二百日、三百日、一年、二年とたつと、どんどん紙が減っていって、最初は一万枚もあった紙なのに、いつの間にか残りが少なくなっていくんですね。

これが人間の人生というものです。これは大人も子どもも変わりはありません。


この一万枚の目に見えない紙を減らしていく人とは逆に、今朝、私と一緒《いっしょ》に掃除をしてくださった生徒さんたちのように、

「今日、十のいいことをして十枚紙を増やします」

という人もいます。


今日十枚増えると、一万十枚になります。また明日も十枚増やすようにすると、一万二十枚になる。

そうするとどうでしょう。

毎日少しずつ紙を増やすことをずーっと続けていく人と、毎日少しず

つ紙を減らしていく人との差は、一年二年と時間がたてば、大変な差になってしまうのです。

少しずつの差が、やがて大変な差になってしまう。これが人生というものなのです。

☆親や先生の教えを守ることが「強い心」を育てる

私は二十歳のときに岐阜県の山奥から東京に出てきました。

東京に出てきたときには、ほとんどお金がなくて、本当は両親の元にすぐにでも帰りたかったのです。東京で知らない人ばかりの中にいて、とても心細い思いをしたからです。

どんな貧しい生活でもいいから、両親の元にいたいなあって思いました。

しかし、家に帰るお金もなかったのです。

それでそのまま、いまに至るまで東京に住んでいます。

そのときの私には、本当に何もありませんでした。お金もない、物もない、知識も技能も何もない。

そんな私が東京でなんとか過ごしてこられたのは、少年時代に両親の言いつけをきちっと守っていたからだと思います。

また、学校へ行ったときは、先生方がおっしゃったことをちゃんと守りました。

両親や先生の教えを守るということを、私は厳しく自分に課していました。そのことを通して、私は「強い心」を養《やしな》うことができたように思うのです。

☆しっかり生きるためには「強い心」が欠かせない

そのようにして培《つちか》った強い心があったから、今日まで五十二年間も、東京で生活することができたのだと思うのです。

もし私が強い心を持っていなかったら、ついいろいろな誘惑《ゆうわく》に負けて、早々に尻尾《しっぽ》を巻いて田舎の両親の元に帰っていたかもしれません。それとも、恥《は》ずかしくて両親の元には帰れなくて、だれも知らないところへ行って暮らしていたかもしれません。

そういう生活に陥《おちい》っていたのではないかと思います。


人間は心がとても大切です。優《やさ》しい心、温《あたた》かい心、広い心、深い心、これがとても大切なんですね。

しかし、優しくて、温かくて、そして深い心や広い心を持っていればいいかというと、それだけでは世の中を渡っていくことはできません。

世の中をしっかり生きていくためには、どうしても「強い心」が必要なのです。

☆「強い心」とは「我慢できる心」

では、強い心とはどういうものでしょうか？

それは少々のことを我慢《がまん》できる心のことです。

たとえば、友達から悪口をいわれたときに、すぐに怒《おこ》りださないで、じっと悪口に耐《た》えている。そういう強い心を持ったときに、はじめてきちんとした人生が送れるようになってくるのです。

優しい心、温かい心というのは、自分のちょっとした努力でわりと簡単に身につきます。でも、強い心はなかなか身につきません。

では、どうやったら強い心ができるのでしょうか？

実は、**強い心を養《やしな》うためには、ルールをきちっと守っていく**ことが大切なのです。

皆さんには、学校の規則というものがあると思います。また、先生方から「こうしなさい」「こういうことをしてはいけません」と、いろいろ習ってきたでしょう。

それをきちっと全部守っている人は、日に日に心が強くなっていきます。

それから社会の生活でも、信号をきちんと守るとか、車を運転するときに車線をきちっと守るというように、決められたルールを守らなくてはいけません。

あるいは家庭であれば、その家庭のルールというものがあります。これは文字で明記《めいき》されているものではないかもしれませんが、その家庭のルールもきちっと守っていく。

このようにして、家庭で、社会で、学校で、生活におけるルールをきちっと守っていくようにすると、だんだん心が強くなってくるのです。

これとは反対に、さっきお話しした一万枚の紙を毎日減らすような人は、ルールが守れない人です。こういう人は、ルールを破《やぶ》るたびに心が弱くなっていくんですね。

自分の心が弱くなってもいいと思っている人は、どうぞ規則を破ってください。

でも、正しい強い心を持ちたいというふうに思う方は、ルールはきちっと守っていただきたいと思います。そうやって、強い心を育てていってもらいたいのです。

☆一所懸命に掃除をすると、気づく人になれる

ルールを守るためにまず大切なのは、物事には「これをしてはいけない」ということがあると気づくことです。

よく気づく人は、ルールに反することをやろうとする前に「あっ、これをしてはいけない」と気づきます。
しかし、気づかない人は、気づかないままルールを破ってしまいます。そして、ルールを破ったことすら気がつかない、ということになるんです。

ですから、**まず気づく人になる**ということが、とても大切です。

それでは、気づく人になるにはどうすればいいのでしょうか。
今日は二つ、気づく人になるための教訓をお話ししてみることにします。

一つめは、今朝、皆さん方が一所懸命にしていたように、掃除をすること。これが気づくことにつながります。掃除をすれば気づく人になれるといっても、首を傾《かし》げてしまうかもしれません。それはこういう意味なのです。

今日は校長先生のお考えがあって、「小さい狭《せま》いところを徹底的に掃除してみましょう」という方針で取り組んでまいりました。「広いところを」ではなくて、「狭いところを」きちっとやる。皆さんはその方針に沿《そ》って、狭いところを一所懸命にお掃除なさいましたね。

すると皆さんは、「自分がきれいに掃除したところ」と「掃除をせずに、きれいになっていないところ」の差をはっきりと感じられたのではないでしょうか。

「狭いところ」を一所懸命に掃除をしたからこそ、掃除をしなかったところとの差がはっきりわかったのです。

そして、それを知ったときにはじめて、皆さんは、掃除の意義というものに気づいたのではないかと思います。

気づくとは、そういうことなのです。

だから、**徹底した掃除をすることが大切**なんです。そして、**やるからには心を込めてやる。**

これが気づく人になっていく大きな要因の一つです。

☆いつも人を喜ばそうと心がける人は、気づく人になれる

今度は、気づく人になる二つめです。これを皆さんが毎日心がけていただくと、必ず気づく人になります。

それは何かといえば、「人を喜ばす」ということです。

いつも人を喜ばせようと思っている人は、どんどん気づく人に変わっていきます。

反対に、人を喜ばすということがなく、人から何かをしてもらうことしか知らない人は、実に大雑把《おおざっぱ》な人になります。こういう人は、物事に何も気づかないまま、人生が終わってしまいます。

気づくというのはとても大切なんですね。

たとえば私は満十一歳のとき、両親の恩《おん》ということにまったく気づかないでおりました。

なぜかというと、家にいるとなんでもあって、それこそ「ないものが何もなかった」からです。そのために、私の心は悪魔《あくま》になっていたんです。

両親のお陰《かげ》でこれらのものがちゃんと揃《そろ》っているのに、私はそれにまったく気がつきませんでした。

ところが十一歳のとき、戦争がひどくなったものですから、山梨県の淋《さび》しい田舎《いなか》に疎開をしました。

そこへ行くと、今度はいままであったものが何もない、ないものばかりの生活に百八十度変わりました。

そのときにはじめて、私は両親が私たち五人の子どものためにいかに努力をして、そして平等に不自由のないようにしてくれていたかということに気づきました。

☆母が懸命に働く姿を見ていっぺんに変わった私

それよりも、もっと両親の恩に気づいたのは、その翌年、満十二歳のときでした。

この年、私たちは山梨県から岐阜県の山奥に疎開をしました。両親はそこで農作業をはじめました。

今でも目に焼きついて忘れられない光景があります。

昭和二十年のすごく暑い夏の日でした。用事があって、私は母を捜《さが》していたのです。

母の姿を認めて近づいてみると、母は、大きなつるはしを振るって荒れ地を開墾《かいこん》していました。深く張った大きな木の根っこを掘り起こそうと、懸命に取り組んでいる最中でした。

私は一瞬、雷に打たれたような恐怖《きょうふ》感にとらわれました。

「私が代わってやらないと母は死んでしまう」

と、ものすごく恐《おそ》ろしくなったのです。

その日から私は、いっぺんに勤勉《きんべん》な少年になりました。学校が終わると家に飛んで帰り、親の手伝いをするようになりました。

☆自分が頑張れば、それだけ両親が楽になる

農作業というのは、とにかく大変です。特に当時はすべて手仕事でした。田を耕《たがや》すのも、田植えをするのも、脱穀《だっこく》をするのも、何もかも手作業でした。

脱穀した籾《もみ》を玄米にする籾すりだけは機械でやっていましたが、停電も多かったし、電気がきても電圧が低くてモーターが回らないので、ベルトを手で回したりしていました。

私は疎開先で田植えや稲刈《いねか》りを八回経験しましたが、農作業の苦労というものを嫌《いや》というほど味わいました。

夏の照りつける太陽の下では、汗がだらだらと流れてくる。いいえ、流れるなんてものではありません。汗が衣服にあふれて、着ているものがびっしょり濡《ぬ》れてしまいます。

そんな炎天下《えんてんか》で、両親は一所懸命に働いていたのです。

そういう重労働をしている両親の姿を見たとき、私は気がつきました。

「なんと両親は私たちを育てるために骨を折ってくれていることだろうか」と。

そう気づいた日から、私は両親をよく手助けするようになったのです。

私が少しでも畑の土を掘り起こせば、私が掘った分だけ両親の労働が軽くなる。

私が暑い思いをした分、あるいは私が寒い思いをした分、その分だけ両親の労働が軽くなる。

そういうふうに思って、いつの間にか一所懸命に農作業をやっていました。

☆気配りのできる人を「気づく人」という

私が一所懸命に手伝いをすると、両親は喜んでくれました。両親の喜ぶ顔を見ると、私は「もっと喜ばせたい」と思うようになりました。

それからいつも、ああしたら喜ぶんじゃないか、こうしたら喜ぶんじゃないか、といろいろ考えるようになりました。

両親を喜ばせたい一心で、一所懸命に手伝いをするようになったのです。

大変だったのは水汲《く》みです。

私の家の田んぼは高台にあり、ちょっとお天気が続くとすぐに水がなくなってしまいました。いったん田んぼが干上《ひあ》がってひび割れができると、少々の雨が降ったぐらいでは追いつきません。

そこで私は、ただでさえ暑い中、本職の農家の人たちが昼休みをとっているときに、はるか下にある川から肥《こ》やし桶《おけ》に水を汲《く》んで、坂を担《かつ》ぎ上げて、田んぼに水を流しました。幾度《いくたび》も川と田んぼの間を往き来して、それを何回も何回も黙々と繰り返しました。

しかし、水をやってもやっても効果はなく、結局、稲は生気《せいき》を取り戻すことなく立ち枯れてしまいました。私は子どもながらにそうなることはわかっていました。でも、わかっていても、やらずにはいられなかったのです。

無駄に思えるようなこの経験は、のちに事業をはじめてから生かされたと思います。たとえば、百の努力をして得られた成果が一つしかなくても、あるいはゼロだったとしても、私は落胆《らくたん》せずに頑張《がんば》りつづけることができるようになっていたのです。

これらの体験を通して、私はいろいろなことに気づくようになりました。ただ単に両親を喜ばすという目的だけではなしに、自分がいま、どういうことをしたらいいか、ということに次々と気づくようになってきたのです。

それから私はこう考えるようになりました。

気づく人間になるためには、一つには徹底した掃除をすること、

そしてもう一つは、いつも人を喜ばそうという気持ちを持つこと。

この二つがとても大切なんです。

今朝、私が学校に来たときに、しゃがみこんで雑巾《ぞうきん》がけをしてくださっていた方がありました。

自分がこうして朝、掃除をしてきれいにしておけば、あとから来る人たちがきっときれいな校舎を喜んでくれるに違いない。

そういう思いを持って、「あそこが汚れているからきれいにしよう」と、次々に雑巾がけをしてくださったようです。

これはとても大切な気配りです。こういう気配りのできる人を「気づく人」というのです。

☆気づかないとはどういうことなのか

では、今度は、気づかないということがどういうことなのか、お話ししてみます。

今日、私はここでお話をしたあと、午後の飛行機で高松空港から東京に帰ります。西から東のほうに向かって飛行機で行くとき、飛行機は一秒間に約三百メートルのスピードで飛んでいきます。東から西に来るときは、一秒間に二百五十メートルです。

それから昨日、私は岡山まで新幹線で来ましたが、新幹線は一秒間に八十三メートルのスピードで走ります。

Ｆ１の自動車はどうでしょう。鈴鹿《すずか》スピードウエイで年に一回、Ｆ１のレースがありますね。あのＦ１カーは一秒間に九十メートルのスピードで走ります。

いまは飛んでいませんけれども、以前、コンコルドという超音速旅客機がニューヨーク―ロンドン間を就航《しゅうこう》していました。この飛行機は、一秒間に五百五十五メートルというスピードで飛んでいます。あまりに音がうるさいというので、いまは飛ばなくなってしまいました。

コンコルドのスピードは桁外《けたはず》れですが、上には上があります。いままた打ち上げられることになったスペースシャトルです。スペースシャトルというのは、一秒間に八千メートルという猛烈《もうれつ》なスピードで飛んでいきます。

しかし、これで驚《おどろ》いていてはいけません。皆さん方はもっと速い乗り物に乗っているのですよ。

なんでしょうか？

そう、それは地球です。

地球という乗り物がどれくらい速いか、皆さんは知っていますか？

地球が太陽の周りを回るときのスピードは、一秒間に二十九・八キロメートルという超スピードです。このスピードで、今も地球は動いています。

さらに、太陽系の惑星《わくせい》が銀河系の周りをずっと回るときのスピードは、なんと一秒間に二百二十キロメートルです。信じられないようなスピードでいまも回っているのです。

そんな速いスピードで動いているのに、皆さんはグラグラ揺《ゆ》れたりしたりしませんね。安心して座って、私の話を聞いていることができる。

それはどうしてかというと、引力があるからです。この引力がなくなった途端《とたん》に、私たちは地球から宇宙に跳《は》ね飛ばされて、一瞬《いっしゅん》にして命を失ってしまいます。

そのくらい引力というのはありがたいものなのです。

ところが、人間は引力があるということをずっと知らないまま地球で暮らしていました。

引力というものがあるとはじめて気づいた人は、皆さんご存じのニュートンです。このニュートンが引力を発見するまで、だれも引力に気づかなかったのです。

では、ニュートンが発見したから引力というのができたのでしょうか。もちろん、そうではないですね。引力は昔からあったのに、だれもそれに気がつかなかったのです。

☆気づかなければ、よい人生は送れない

気がつかないと、そういうものがあるとはだれも思わないのです。引力があるお陰で、私たちがこうして生きていられる、ということも知らないままなのです。

知らなければ、感謝のしようがないでしょう。

両親の恩も、気がつかなければ感謝のしようがない。

気がついたら皆さんも感謝できるけれども、気がつかなかったら

感謝することはないのです。

先生方が皆さん方に規則を守るようにいつも注意をしてくださいますね。

本当は、先生方もあまり注意はしたくないんです。できれば黙っていたい。少々のことは見ないふりをしていたいと思っています。

私だって人に注意するのは大嫌いです。

でも、注意をしなければ、その人は何も気がつかないまま人生を終わってしまう。そう思うから、嫌でも注意をするんです。

今日も先生方がいろんなことでご指導されていました。そういうことに対して、うるさいと思うか、感謝するか、ここで人生が分かれていくんです。

皆さん方が、自分はよい人生を送りたいと思うのなら、注意されたら感謝して受けてください。

ということで、くどくどと例をあげてまいりましたが、まず気づくということが、よい人生を送るためにはとても大切なことなのです。

☆毎日の生活で「三感王」をめざす

今日はもう少し皆さんに聞いていただきたいことがあります。

プロ野球には三冠王というものがありますね。滅多《めった》に出ませんし、出ても一つのシーズンに一人しかいない。三冠王が同じシーズンに二人出るなんてことは、いまだかつてないことです。

しかし、今日これから私がお話しする「三感王」は、その気になれば皆さん全員がなれます。

そういう「三感王」があるんです。

これはユニー㈱元会長の西川俊男さんから聞いたお話です。

この**「三感王」になろうと思ったら、まず物事に感動する素直な心を持つこと**が大切です。

では、物事に感動するためにはどうしたらいいのか。そのためには、なんにでも関心を持たなくてはいけません。

たとえば、掃除をするときは掃除に深い関心を持つ。授業であれば、授業に深い関心を持ち、先生の話を深い関心を持って聞く。深い関心を持つと、深く感動できるようになってくるんです。

深い「関心」を持って、深く「感動」する心を持つ。そして、三つめとして「感謝」する心を持つことが大切です。

この三つの「感（関）」の頭文字をとって、「三感王」と呼ぶわけです。

この「三感王」になるためには、自分でいつもいろんなことに三つずつ目標を掲《かか》げるといいのです。

たとえば、家で両親を喜ばせる「三感王」になろうと決めたら、両親が喜ぶことを三つ考えて、それを目標にする。

朝、起こされなくても起きるようにしよう。

夜、ちゃんと決められた時間まで学習したら休むようにしよう。夜更《ふ》かしはせず、夜遅くに出かけて心配をかけるようなことはしない。

食事が終わったら、食器を洗い場に持って行って、水を入れて洗いやすいようにする。残したものはゴミとして捨てて、食器を洗いやすいようにする。そうやって、お母さんが後片付けしやすいようにする。

こんなことでもいいんです。

あるいは、

朝、雨戸を開ける手伝いをする。

夜、雨戸を閉める手伝いをする。

というふうなことにしてもいい。

こういうふうに、なんでもいいから三つ決めるんです。そして、決めたらそれをしっかり守る。

学校へ行ったら、今度は、学校で全員が守っていることをちゃんと守るようにする。

登校するときは、きちんと服装を整える。
先生に注意をされないようにする。
挨拶《あいさつ》は自分から先にする。

というふうに、**自分で三つの目標を決めて、決めたことは必ず自分で守る**ようにするのです。

このように、家庭の生活と、社会の生活と、学校の生活と、それぞれ三つずつ目標を決めてください。全部で九つの目標を自分で決めて、守るようにすると、皆さんは見事な「三感王」に変わっていきます。

これは皆さんがやる気になれば、必ずなれる「三感王」です。

☆心が狭い人は、暗い人間になってしまう

こういう目標を決めて、それをきちっと守れる人は、だんだん心が広く、そして明るくなっていくんです。

逆をいえば、ルールが守れない人は心が狭《せま》い人です。そして、そういう人はだんだん暗くなっていきます。

「明るい」とか「暗い」というのは、性格とは関係がありません。ルールをしっかり守れる人はだれでも明るくなりますし、守れない人はだれ

でも暗くなります。

守れない人はどうして暗くなるのでしょうか？
それは心が狭いからです。

心が狭いと、いくら体が健康であっても、丈夫《じょうぶ》であっても、体力があっても、人間は暗くなるのです。

その反対に、
「人を喜ばせよう」
「人の迷惑《めいわく》になることはやらない」
「少しでも両親が楽になるようにしよう」

というふうな考え方を持っている人は明るくなります。

そして、そういう人が世の中を良くしていくのです。

☆幸せになるために、厳しいルールをしっかり守る

皆さんは、きちんとしたご両親の元に生まれ、そしてちゃんとした教育を受けて、学校で先生方のご指導を受けています。こんなに幸せなことはありません。

しかし、その幸せに気がつかない人が多い。幸せとはどういうものかということを勘違《かんちが》いしているのです。

なんの規則もない、なんでも自由勝手にできることが幸せだと思っている人が、世の中にはいっぱいいます。これはとんでもない間違いです。

決まったルール、規則の制約を自分が受けていて、それをきちっと守る。そして、守っていることに何も苦痛を感じなくなったとき、それを本当の幸せというのです。

規則が厳しいと思っている間は、本物ではありません。

世の中のルール、学校のルールが、うるさいとか厳しいと思わないで、いつの間にか、気がつかないうちに守っている。そういう人間になったときが幸せなんですね。

ですから、皆さん方が本当の幸せをつかみたいと思うのなら、みずから進んで、どんどん自分に厳しく規則を課して、それをしっかり守っていただきたい。

それが楽々守れるようになったとき、皆さんは本当の幸せを手にすることができるのです。

☆本当の幸せは「何もない」ところから生まれる

それからもう一つ、これはロシアの作家のトルストイが書いた『戦争と平和』という本の後ろのほうに出てくる言葉です。

ピエールという登場人物が、こういうことをいっています。

「一切の不幸せ、人間にとっての不幸は、不足から生ずるのではなく、有り余るところから生ずるのだ」

なんでも欲しいものが手に入る。自分の求めたものがなんでも手に入ると、「自分は幸せだ」と思い込みます。

ところが、そうではない。

なんでも手に入ることは、実は不幸せなことなのだとトルストイはいっているのです。

私も疎開を経験するまでは、欲しいものがすぐになんでも手に入ることを幸せだと思っていました。

しかし、いまになって振り返って考えてみますと、あのままでは私は、刑務所に入るようなとんでもない人間になっていたかもしれない。

しかし、疎開をして、ありがたいことに何もない環境の中に置かれた。欲しいものどころか、その日その日を生きるのに必要最低限のものしかない生活を送ることになりました。

そのような、いつも不足している、物不足の生活に陥《おちい》ったときにはじめて、私には両親に対する感謝の気持ちが湧《わ》いてきた。世の中を生きていくというのは大変なものだ、ということに気づいたのです。

このように、本当の幸せというのは、厳しいルールがありながら、そのルールを自分がいつも受け入れて、やがてルールがあることさえ気がつかなくなったときにやってくるものです。そのときはじめて、本当に幸せになれる。

そしてもう一つは**「友達はみんな持っているけれど、自分は我慢《がまん》しよう」**というふうに思ったときに、はじめて本当の幸せというものを大きく感じるようになるのです。

だから、持っていない、足りないというのは、とてもありがたいことなんです。

皆さんが本当の幸せを望むのなら、私のお話ししたことを守ってみてください。

☆本当の幸せとは、いつまでたっても色あせず、飽きないもの

本当の幸せというものを違う言い方でいいますと、それは「いつまでたっても色あせないもの」です。

それはどういう意味でしょうか？

たとえば、物やお金のように形があるものは、いよいよこれで命が尽きるというときに、いくらたくさん持っていたところで、なんの役にも

立ちません。

ところが、幸せというのは形がありません。お金で買えるものでもありません。きちんとルールを守る生き方を続けることによって、心の中に生まれるものです。

だから、いつまでたっても色あせることがないのです。

それから、**本当の幸せとは、いくら受けても受けても飽《あ》きないものです。また、いくら相手に与えても、相手も飽きることがない。**

これが本当の幸せの定義です。

皆さん方は、今日まですばらしい環境で育ってきたのですから、それを大事にして、さらに年を重ねていただきたいと思います。

今の自分に与えられた環境がとてもありがたいものだということにぜひとも気づいて、それを大事にして、幸せになっていただきたいと思います。

☆心を燃やし続けて、世の中のためになる生き方をしよう

はじめに坂村真民先生の詩をご紹介しましたが、最後にもう一編の詩を読んで、終わりにしたいと思います。

＊

だまされてよくなり
悪くなってしまっては駄目
いじめられてよくなり
いじけてしまっては駄目
ふまれておきあがり
倒れてしまっては駄目
いつも心は燃えていよう
消えてしまっては駄目

いつも瞳《ひとみ》は澄んでいよう
　　濁ってしまっては駄目

*

これは「なやめるS子に」と題がついた詩です。
少しずつ読んでみましょう。

だまされてよくなり
　　悪くなってしまっては駄目

皆さんも、お友達に嘘《うそ》をつかれることもあるでしょう。約束を破られることもあるでしょう。

でも、そういうことがあっても、自分はそういうことをしない。だまされて、よくならなくてはいけません。悪くなってしまっては駄目なのです。

いじめられてよくなり
いじけてしまっては駄目

ふまれておきあがり
倒れてしまっては駄目

人間の長い人生の間には、踏《ふ》みつけられることもあり、いじめられることもあります。
それでも必ず立ち上がれ、踏まれても踏まれても立ち上がれ！
――これはそういう言葉ですね。

いつも心は燃えていよう
　消えてしまっては駄目
いつも瞳《ひとみ》は澄んでいよう
　濁ってしまっては駄目

今日の皆さんの瞳は、みんな輝き、澄《す》んだ瞳です。この澄んだ瞳のまま二十歳になり、三十になり、四十になり、五十になってほしい。

年を重ねていったときに、よからぬことを考えたり、よこしまなことを考えるたびに、人間の瞳は濁っていきます。

そんな瞳の濁った人間になってはいけません。いつも澄んだ瞳でいてほしい。

そして、本日お話ししたように、**「何かをしよう、三感王になろう、頑張ってそうしよう」と決めたときには心に火が灯《とも》るのです。**

この心の灯火《ともしび》を消さないで、いつも心が燃えていれば、必ずよい人生を送れます。消えてしまっては駄目なのです。

私は七十二歳になっても、一年三百六十五日、一日中家で休んでいることは一度もありません。一年の三分の二ぐらいは、いつも新幹線、車、飛行機で日本中を駆《か》け巡《めぐ》っています。海外にも出かけます。

今年は健康を害して行けませんでしたけれど、毎年、五月はニューヨーク、六月には台湾に行きます。九月はブラジル、十月は北京、南京に行きます。

観光に行くわけではないんです。掃除をするために行く。

多額の費用を使って、時間を費《つい》やして、掃除をしに行くんです。

それでもまったく疲れない。それは、いつも心の中の炎が燃え続けているからです。だから私は元気なのです。

どうか皆さん方も、元気で、そして世の中のためになる人間になっていただきたいと思います。

今日は少し堅苦《かたくる》しい話を長々としましたが、行儀《ぎょうぎ》よく聞いていただきまして、ありがとうございました。

（香川県善通寺市立東中学校での講演より）

この本を読んでくださる皆さんへ——あとがきにかえて

皆さん頭のいい人になりましょう。

頭がいいということには、いろいろな意味があります。

記憶力や理解力が優《すぐ》れている人や試験でいつも高い点を取る人などは頭のいい人と言えますが、それだけではありません。

私がいう本当に頭のいい人とは、いつもいいことを考えて、いいことを実行する人のことです。

知識や技能は人間にとって大切なものですが、折角《せっかく》身につけた知識や技能も、いいことに使わなければ意味がありません。

人間の体はとてもよく出来ていて、頭でいいことを考えると、手足が喜んでいいことをします。

手や足がいいことをすると、頭もいいことを考えるようになります。

そのいいことも自分にとってだけのことではなくて、周りの人びとや社会や国家のためにいいことを考え、実行できる人になってください。

強い忍耐力《にんたいりょく》と勇気のある人になりましょう。

忍耐心と勇気を育てるためには、秩序《ちつじょ》や規則・ルールを守り続けることが必要です。

しかし、このような決めごとを守ることは一見窮屈《きゅうくつ》に思えてつい破りたくなるものです。

その安易《あんい》に流れる心を抑《おさ》えて守り続けた人にのみ与えられるご褒美《ほうび》が忍耐力と勇気なのです。

決められたことを守った人には真の幸せがもたらされます。だれもやらなくても、人間としてしなければならないことはやり、反対に皆がやっていても、してはならないことはしない、という心構えを持ち続けて実行する人には、周囲から監視《かんし》されたり干渉《かんしょう》されることなく広い自由が与えられ、真の幸せが訪れます。

広い世界を自由にできるところまで努力をし続けていきましょう。

平成十七年十月

鍵山　秀三郎

《著者略歴》

鍵山秀三郎（かぎやま・ひでさぶろう）

昭和８年東京生まれ。27年疎開先の岐阜県立東濃高校卒業。28年デトロイト商会入社。36年ローヤルを創業し社長に就任。平成９年社名をイエローハットに変更。10年同社相談役となる。創業以来続けている掃除に多くの人が共鳴し、近年は掃除運動が内外に広がっている。「日本を美しくする会」相談役。著書に『凡事徹底』『鍵山秀三郎語録』『小さな実践の一歩から』『日々これ掃除』『掃除に学んだ人生の法則』『人間力を養う生き方』（いずれも致知出版社刊）がある。

あとからくる君たちへ伝えたいこと

平成十七年十月二十二日第一刷発行
令和四年六月二十日第十五刷発行

著者　鍵山秀三郎
発行者　藤尾　秀昭
発行所　致知出版社
〒150-0001東京都渋谷区神宮前四の二十四の九
TEL（〇三）三七九六—二一一一
印刷・製本　中央精版印刷
落丁・乱丁はお取替え致します。　（検印廃止）

ISBN978-4-88474-731-2 C0095

ホームページ　https://www.chichi.co.jp
Eメール　books@chichi.co.jp